W0001216

# Ein Tag Friedrichs des Grossen in Sanssouci

Harald Müller

# Ein Tag Friedrichs des Grossen in Sanssouci

Mit Illustrationen
von Manfred Bluth

Nicolai

*»Du nimmst sehr gütigen Anteil an meiner Person. Ich wünschte, ich könnte Dir mehr nützen, aber ich bin nur noch ein blöder Träumer, ein alter Gaul, der wider Willen ins Joch der Politik gespannt ist, ein Philosoph und Stubenhocker, kurz, ein fast ganz ungeselliges Wesen.«*

*Friedrich der Große an seine Schwester Wilhelmine,*
*Potsdam, 25. 11. 1748*


Layout: Dorén + Köster
Satz: Mega-Satz-Service
Lithos: O.R.T. Kirchner GmbH
Druck: H. Heenemann GmbH
Bindung: Lüderitz & Bauer GmbH
Alle Berlin

Printed in Germany
ISBN 3-87584-434-3

# Vorwort

Ein Tag wird hier beschrieben, wie ihn Friedrich der Große im Sommer 1750 in Sanssouci verlebt haben könnte, in jenem »Lusthaus auf dem Weinberge«, das er seit seiner Fertigstellung im Mai 1747 regelmäßig in den Sommermonaten zu bewohnen pflegte.
Friedrichs Leben in Sanssouci war in seiner Anlage der Versuch, die Pflichten des Monarchen mit den Beschäftigungen des »Philosophen von Sanssouci« auf harmonische Weise zu vereinen, den eigenen anspruchsvollen Neigungen im Bereich der Wissenschaften und Künste im Ablauf des Tages neben dem Herrschen einen gleichwertigen Platz zu schaffen, – eine Inszenierung des eigenen Lebens von besonderer Art.
Dieser Tag fällt in einen Lebensabschnitt des Königs, der dazu bestimmt war, seinen Kriegstaten, die er jetzt als abgeschlossen ansah, solche des Friedens folgen zu lassen – so die Weiterführung der Justizreform als Desiderat der wirtschaftlichen Entwicklung Preußens. Von dem Bemühen, die Bevölkerung seines Landes durch Erleichterung der Einwanderungsbestimmungen zu vermehren, legt 1750 das Werbepatent Zeugnis ab, das auf der nahegelegenen Neuendorfer Sandscholle böhmischen Exilanten neue Heimstatt versprach. Die innere Kolonisation – um 1750 erreichten die Arbeiten zur Trockenlegung des Oderbruchs ihren Höhepunkt – stand neben einer großangelegten Industrialisierungspolitik. Im gleichen Jahr bereicherte Voltaire die illustre Tafelrunde von Sanssouci. Auch hatte Friedrich nun sein Geschichtswerk der »Histoire de mon temps« in Angriff genommen und eine dreibändige Ausgabe seiner Schriften unter dem Titel »Œuvres du philosophe de Sanssouci« erscheinen lassen – ein Ergebnis der Studien, die er jetzt wieder wie in der Zeit von Rheinsberg betrieb.
Von diesem Leben im Ablauf eines Tages jenes Friedensjahres wird hier erzählt, als Beitrag zu einer Alltagsgeschichte von Sanssouci und seines ersten königlichen Bewohners.

*Küchenjungen beim Putzen des Tafelsilbers*

# Ein Schloss erwacht

Es war noch früher Morgen, zwischen vier und fünf Uhr, an diesem Augusttage des Jahres 1750, als für die Bewohner des königlichen Lustschlosses von Sanssouci die Nachtruhe ein Ende fand. Der Wille des Schloßherrn, des achtunddreißigjährigen preußischen Königs Friedrich II., bestimmte den genau geregelten Tagesablauf der Schloßbewohner. Und Friedrich war ein Frühaufsteher.

Noch lagen die Fluren der Bornstedter Feldmark, die Sanssouci von mehreren Seiten umgab, schweigend da, und auf dem Wege nach Potsdam zeigte sich noch kein Gefährt, als es in den beiden Seitenflügeln des Schlosses, damals noch schmucklos grüngestrichenen Ziegelbauten, die zur Gartenseite hin durch Laubengänge dem Blick entzogen waren, lebendig zu werden begann. Im Ostflügel wohnten neben der Silberkammer dicht gedrängt die Bedienten des Königs, die Leibpagen, gewöhnliche Pagen, Kammerlakaien, Hoflakaien, Hofjäger, Läufer, Kammerhusaren und schließlich das Küchenpersonal. Die Küche mit Vorratsräumen, ein Stall für vierzehn Pferde und eine Futterkammer lagen im westlichen Seitenflügel des Schlosses.

Als erstes mußten die Küchenjungen für frisches Wasser sorgen. Das war eine aufwendige Arbeit für sie, verfügte das Schloß von Sanssouci doch weder über eine Anlage zur Wasserbeförderung noch über eine Kanalisation. Das lebensnotwendige Wasser wurde zunächst über ein Schöpfwerk aus einem zwanzig Meter tiefen Brunnen hinter dem Schloß in einen Wasserbehälter geleitet. Von hier aus floß es durch Bleirohre zu Küche und Stall weiter, wo es mit Pumpen aus den Rohren heraufbefördert wurde. War diese Arbeit getan, hatten die Küchenjungen die Abfälle des Vortages aus der Küche zu schaffen. Sie wurden in einiger Entfernung hinter dem Orangenhaus westlich des Schlosses einen

*Im Konzertsaal werden neue Kerzen aufgesteckt*

Abhang hinuntergekippt, die Eimer mit Abwässern entleerte man einfach hinter dem Schloß.
In der Küche herrschte unterdessen geschäftiges Treiben. Der König war ein Feinschmecker, er legte nicht nur großen Wert auf gutes Essen, er wollte auch vor seinen Gästen bestehen, die täglich zu versorgen waren. Und dabei durften die Köche die genau festgelegte Summe von 33 Talern für den Tagesbedarf an Nahrungsmitteln nicht überschreiten. Bereits am Abend zuvor hatte der französische Küchenmeister des Königs den Küchenzettel für den nächsten Tag ausgeschrieben. Nach ihm wurde genau berechnet, welche Rohprodukte man in welchen Mengen für die einzelnen Mahlzeiten benötigte.
In der Küche arbeiteten Köche aus vielen Ländern – Deutsche, Engländer, Italiener, Russen. Jeder fertigte seine eigenen Gerichte. Nach dem vorliegenden Küchenzettel erhielt jeder die genau berechnete Menge an Produkten, die für sein Rezept erforderlich war. Da der König stets vermutete, daß man ihn bestehlen wollte, mußten alle angelieferten und verbrauchten Lebensmittel nochmals von einem Küchenschreiber berechnet und geprüft werden. Am schwersten lastete der Verdacht, sich an den königlichen Speisen unerlaubt gütlich zu tun, auf den Küchenjungen. Keiner von ihnen durfte unbeaufsichtigt die Vorratskammer betreten. Auch den Köchen wurde streng auf die Finger gesehen. Hatten sie ihre Speisen zubereitet, mußten sie alle nicht verbrauchten Lebensmittel wieder dem Küchenmeister aushändigen.
Nachdem die Küchenjungen das Schloß mit Wasser versorgt hatten, putzten sie in der Silberkammer Dutzende von Bestecken, Kannen und Bechern, Leuchtern und Tafelaufsätzen aus Silber, bis alles glänzte. Nebenan lag die Lichterkammer. Hier lagerten die Kerzen für die Leuchter und Lüster, die das Schloß, wenn es Abend wurde, in helles Licht tauchten und täglich mit frischen Kerzen zu versorgen waren. Das war die Pflicht der Kammerlakaien, die genau darauf zu achten hatten, wenn eine niederbrennende Kerze durch eine neue zu ersetzen war.
Um fünf Uhr bereits hatte der Tag auch für Pagen und Lakaien, Hofjäger und Läufer seinen Anfang genommen. Für sie war Friedrich ein strenger Herr. Nachlässigkeiten und Aufsässigkeiten duldete er nicht. Wer sich eines Vergehens schuldig machte, mußte mit Stockschlägen,

mit Entlassung, ja sogar damit rechnen, gewaltsam unter die Soldaten gesteckt zu werden. Davor mußten sie stets auf der Hut sein, denn ihrer Pflichten waren viele in Sanssouci. Für die Kammerlakaien war die erste Arbeit des Tages das Anheizen des Kamins im königlichen Schlaf- und Arbeitszimmer, in dem Friedrich in einem Alkoven ruhte, über sich die kunstvoll gearbeitete Zimmerdecke, die von einem mächtigen goldenen Spinnengewebe überzogen war, in dem zwei goldene Fliegen und eine große goldene Kreuzspinne saßen. Dann galt es für sie, aus allen vom König und seinen Gästen bewohnten Schloßräumen die irdenen Töpfe aus den »Nachtstühlen« zu entfernen, sie zu entleeren und gereinigt wieder in der Weise zu plazieren, daß sie tagsüber den Blicken Fremder entzogen blieben.
Sanssouci war als Sommerschloß gedacht und angelegt, der königliche Schloßherr pflegte es im Rhythmus der Jahreszeiten zu beziehen und wieder zu verlassen: Wenn es im April oder Anfang Mai in Potsdam anhaltend wärmer zu werden begann, drängte er auf den Umzug aus dem Potsdamer Stadtschloß in seinen Sommersitz, und erst wenn Anfang Oktober die Temperaturen beständig absanken und sich die Nachtkälte nicht mehr aus den Räumen des allen Winden ausgesetzten Schlosses auf dem Berge vertreiben lassen wollte, mußte Friedrich schweren Herzens wieder den Rückzug aus seinem Lieblingswohnsitz antreten.
Aber auch in den Frühlings- und Sommermonaten war es in den Räumen anhaltend fußkalt. Und der König litt früh an der Gicht. So mußte das prasselnde Kaminfeuer nur zu oft einen Ausgleich schaffen.
Der Architekt Georg Wenzeslaus von Knobelsdorff, der nach den Ideenskizzen des Königs das Schloß erbaute, hatte das künftige Dilemma mit den kalten Fußböden vorausgesehen. Daher stellte er dem königlichen Bauherrn im mündlichen Vortrag einen Entwurf vor, der den eingeschossigen Schloßbau auf ein zusätzliches Kellergeschoß zu setzen vorsah. Doch der König lehnte diese wohlbegründete Idee eigensinnig ab. So entstand das Schloß von Sanssouci als ein Schloß ohne Treppen.

*Ein Kamin wird angeheizt*

# Die Morgenstunde des Königs

Während der Kammerlakai den Kamin im königlichen Arbeits- und Schlafzimmer anheizte, für den hier stets trockene Buchenscheite in einem besonderen Kasten gelagert wurden, versorgten andere die Obstschalen in den Wohnräumen des Königs mit Früchten. Daß die Gärten und Gewächshäuser um das Schloß täglich frisches Obst lieferten, erfüllte den König mit großem Stolz, besonders dann, wenn er es seinen Gästen anbieten konnte.

Die Geräusche der knisternden Scheite ließen Friedrich nach einiger Zeit wach werden. Wenn der Schlaf ihn aber nicht zur vorgesehenen Zeit verlassen wollte, hatte er seinen Dienern befohlen, ihn zu wecken. Die Kammerlakaien waren in diesem Falle angewiesen, ihm ohne Umstände eine mit kaltem Wasser getränkte Serviette auf das Gesicht zu legen.

Auf dem Bett sitzend, zog sich Friedrich dann seine Strümpfe, die gewohnten Beinkleider aus schwarzem Samt sowie lange Stiefel an, wusch sich Gesicht und Hände eilig in einer ihm dargereichten silbernen Schüssel, ließ sich als immer wieder lästige Verpflichtung von einem der Kammerlakaien rasieren und legte schließlich einen kurzen Überrock, in der Regel hellblau und mit Silberfäden bestickt, Casaquin genannt, an. All das geschah völlig unzeremoniell und in kürzester Zeit, ganz unähnlich dem pompösen und zeitlich aufwendigen »lever« des Sonnenkönigs, täglich rituell vollzogen in Anwesenheit zahlreicher Hofschranzen und Würdenträger.

Fertig angekleidet, gewaschen und rasiert, rief Friedrich mit lauter Stimme »Hier!«, auf diesen Ruf hin betrat ein weiterer Lakai sein Schlaf- und Arbeitszimmer. Seine Aufgabe war es, dem König die von seinem Ersten Kabinettsrat in einem versiegelten Umschlag gesammelten

*Ein Lakai dreht den Zopf des Königs*

Briefe zu übergeben. Wie an jedem anderen Abend waren sie in der letzten Nacht durch einen reitenden Feldjäger von Berlin als der »ersten« nach Potsdam in die »zweite« Residenz befördert worden.
In diesem Umschlag, dessen Siegel der König erbrach, waren nur die Briefe von Adligen enthalten. Sie las er gewöhnlich im Wortlaut; Bittschriften und Briefe von Nichtadligen sowie die meisten Berichte und Eingaben seiner Untertanen hingegen nur in kurzen Zusammenfassungen oder Auszügen, die anzufertigen die tägliche Aufgabe seiner Kabinettsräte war. Dieser Unterschied bezeugte die besondere Stellung des Adels als erster Stand im Staate, als wichtigste Stütze des Königs in allen Bereichen der Herrschaftsausübung. Deshalb erfuhren Adlige im großen wie im kleinen stets Bevorzugung. Im großen, das bedeutete, daß der Adel neben dem König alleiniger Besitzer von Grund und Boden mit allen daran hängenden Rechten sein und bleiben sollte. Das bedeutete weiter, daß es Angehörigen des Adels vorbehalten blieb, den Großteil der Offiziere und der höheren Beamten zu stellen, die dem König in Krieg und Frieden bedingungslos Gehorsam schuldig waren. Adlige mußten auch keine Steuern an die königlichen Kassen entrichten wie die anderen Untertanen Seiner preußischen Majestät. Weil er ihn brauchte und auf ihn und seine Dienste angewiesen blieb, wollte Friedrich den Adel stark und wohlhabend sehen.
Während ihm der Lakai nun den Zopf drehte, sah Friedrich, noch auf dem Bett sitzend, die eingegangenen Briefe durch. Danach machte er sich an die Lektüre des von seinem Leibkoch geschriebenen Küchenzettels. Als er so bekleidet, rasiert, frisiert und gepudert war, übergab ihm zunächst ein Adjutant seiner Leibgarde die Liste mit den Namen der im Laufe des Vortages in Potsdam angekommenen Fremden. Danach erstattete, schon ungeduldig erwartet, der Generaladjutant von Buddenbrock den täglichen Bericht über den Zustand des Heeres. Ihm folgte der König mit gespannter Aufmerksamkeit, kreisten seine Gedanken doch ständig um das Heer, um dessen Ausbildung und Unterhalt.
Bis 1750 hatte er bereits zwei Kriege zur Eroberung Schlesiens geführt, und er war bereit, auch einen dritten zu beginnen, um sich diese Provinz mit dem Einsatz militärischer Gewalt endgültig zu sichern und Preußen in den Rang einer europäischen Großmacht zu erheben. Für das Heer

*Der König mit seinem Kabinettssekretär*

war ihm deshalb nichts zu teuer. Zwei Drittel des gesamten preußischen Staatshaushaltes dienten inzwischen seinem Unterhalt. 1740 war Friedrich mit 80000 Soldaten in den Krieg gezogen, jetzt, 1750, betrug die Stärke seines stehenden Heeres schon über 130000 Mann.
Auch die preußischen Soldaten mußten den Befehlen ihrer Vorgesetzten, der Korporale, Feldwebel und Offiziere, in harter Disziplin bedingungslos folgen. Das verlangte strengen Drill. Gehorsam aus Furcht, darum ging es auch im preußischen Heer. Der Soldat, so hatte der König erklärt, müsse seine Offiziere mehr fürchten als die Gefahren der Schlacht. Das war für die Betroffenen jedoch schwer zu ertragen. Immer aufs neue wurde deshalb von ihnen der Versuch unternommen, sich diesem Drill und der ständigen Angst durch die Flucht über die Landesgrenzen zu entziehen, zu desertieren. Das aber gedachte ihr oberster Dienstherr mit allen Mitteln zu verhindern, und deshalb verlangte er zu wissen, was in den Garnisonen dagegen unternommen wurde, wie viele Flüchtlinge wieder eingefangen und bestraft worden waren. Friedrich forderte in diesen Fällen nach der Sitte der Zeit strenge Strafen. Nach Anhören des Berichtes erteilte der König nach kurzem Nachdenken Buddenbrock seine Befehle in diesen und allen anderen Heeresangelegenheiten. Das fiel ihm leicht, denn er verfügte über ein hervorragendes Personen- und Namensgedächtnis. Er wußte aus dem Kopf, welcher seiner Offiziere in jeder einzelnen Garnison das Kommando führte. Die Feder des Generals von Buddenbrock flog dabei förmlich über das Papier. Als das Diktat beendet war, verabschiedete sich der General mit einer tiefen Verbeugung und verließ den Raum.

# In der Bibliothek

Durch einen engen Verbindungsgang zog sich der König anschließend in sein rundes Bibliothekszimmer zurück. Dort hatte einer der Kammerlakaien unterdessen ein Tablett mit einer Karaffe frischgeschöpften Brunnenwassers und einer großen Tasse Kaffee abgestellt, den Friedrich jetzt zu sich nahm.

Der Bibliotheksraum war ebenso hoch wie breit, mit Zedernholz getäfelt, das lange Zeit einen starken Duft ausströmte. Es hatte in die Wand eingelassene und sich der runden Raumform anpassende Bücherschränke und eine auf den ersten Blick unsichtbare Türöffnung. Ein Raum völliger Abgeschiedenheit. Vier Marmorbüsten, den Gott Apoll und griechische Philosophen aus der Zeit des klassischen Altertums darstellend, erinnerten an den Zweck des Raumes als Stätte geistiger Sammlung und schöpferischer Muße.

Blickte Friedrich von seinem Schreibtisch durch die Fenstertür hinaus, so fiel sein Blick über einen Laubengang aus Geißblatt und Weinlaub und auf die grüne Gitterlaube mit dem antiken Standbild des Adoranten, des betenden Knaben, das er besonders liebte, seit er es für die bedeutende Summe von 5000 Talern erworben hatte.

Friedrich war ein belesener, ein gebildeter Fürst, vor allem, wenn man ihn an den anderen gekrönten Häuptern des 18. Jahrhunderts maß, und das Lesen war ihm eines seiner ersten Lebensbedürfnisse. »Der König beteiligt sich äußerst wenig an den Lustbarkeiten des Karnevals; er ist immer mit seinen Studien beschäftigt und verläßt kaum das Zimmer«, klagte ein Höfling, um sein Bedauern darüber auszudrücken, daß hier in Sanssouci nicht wie an anderen Höfen ein Fest und eine Lustbarkeit von der folgenden abgelöst wurde. Friedrich haßte solche für ihn faden Vergnügungen ebenso wie äußeres Hofgepränge und ein aufwendiges Hofzeremoniell – das alles erschien ihm als Zeitverschwendung.

Das Lesen aber erhob er als Voraussetzung jedes Bildungserwerbs über alle anderen Beschäftigungen. Seinem Bruder, dem Prinzen August Wilhelm, hatte er folgenden Rat gegeben: »Du kannst Deine Zeit nicht besser verwenden, als wenn Du Deinen Geist bildest und Deine Kenntnisse vermehrst... Ich bedaure alle Tage meines Lebens, die ich nicht dem Studium gewidmet habe. Man kann die Richtigkeit seines Urteils und den Scharfblick seines Geistes nie genug vervollkommnen. Die Geschichte der Vergangenheit ergänzt unsere eigene Erfahrung.«
Drei Arten von Büchern las Friedrich: die klassischen Geschichtsdarstellungen eines Caesar, Tacitus, Livius und Plutarch, Werke der Politik und der klassischen wie zeitgenössischen kritischen Philosophie. In seinen Schlössern in Breslau, Berlin, Charlottenburg, dem Potsdamer Stadtschloß und hier in Sanssouci besaß der König fünf weitestgehend gleiche Sammlungen der Werke, die er für so wichtig hielt, daß er sich vorgenommen hatte, sie immer wieder zur Hand zu nehmen. Das waren die Schriften der Griechen Homer, Plato und Xenophon, andere antike griechische und römische Autoren und Werke der neueren französischen Literatur, so vor allem die Schriften von Voltaire. In jeder dieser Sammlungen war bei der Aufstellung das gleiche Schema zugrundegelegt und ein Bücherverzeichnis angefertigt worden. Alle Bände wurden später, 1770, einheitlich in rotes Leder gebunden. Zur Unterscheidung wurde außerdem in den Deckel ein Buchstabe eingepreßt, der den Standort anzeigte. Für Sanssouci hatte Friedrich ein V gewählt, das für vigne, Weinberg, stand. Alle Bücher lagen ausschließlich in französischer Sprache vor, da der König die alten Sprachen der Griechen und Römer als junger Mensch nicht erlernt hatte. Bücher in deutscher Sprache besaß der König ebenfalls nicht in seinen Sammlungen, geschenkte Werke dieser Art übergab er stets der Königlichen Bibliothek in Berlin.
In den nächsten beiden Stunden blieb der König in seiner Bibliothek verborgen, für jedermann unsichtbar und unerreichbar. Er las, oder er arbeitete an einem seiner zahlreichen Gedichte. Hin und wieder spielte er auf der Flöte Übungsstückchen, die er auswendig konnte, wobei ihm, wie er oft erklärte, die besten Gedanken kamen. Und schließlich galt es, die am Morgen eingegangenen Berichte aus Berlin zu überfliegen und Entscheidungen zu treffen.

*Friedrich beim Flötenspiel in der Bibliothek*

*Eine Fuhre am Morgen auf der Rampe des Schlosses*

# Ein Mann namens Fredersdorff

Jetzt, da man den königlichen Hausherrn für längere Zeit beschäftigt wußte, machten sich die Lakaien Friedrichs und die Bedienten seiner Gäste an die tägliche Reinigung der Schloßräume. Leitern wurden aufgestellt, um die hohen Fenster an der Gartenfront blank zu reiben, Fußböden wurden gewischt. Dann waren die vielen Leuchter und Kandelaber zu putzen und mit neuen Kerzen zu versehen. In der Küche brodelte es unterdessen in Töpfen und Pfannen. Die Schloßbewohner wollten auch im Verlauf der Vormittagsstunden mit Getränken und einem Imbiß versorgt sein. Daneben aber liefen schon die Vorbereitungen für das große Menü des Tages, das pünktlich um zwölf Uhr mittags bereitgestellt werden mußte. In diese Tätigkeit hinein drangen von draußen die Geräusche knallender Peitschen und lautes »Hü« und »Hott« in die Küche. Denn jetzt war auch die Stunde gekommen, da Lebensmittel und Feuerholz für Sanssouci mit Pferd und Wagen angeliefert wurden. Die Last war schwer und die auf das Schloßplateau führende Rampe steil, und stets mußten die Gespannführer ihre Tiere mit lauten Rufen antreiben, bevor sie unmittelbar vor den Küchenräumen zum Stehen kamen.

Fleisch, Brot, Milchprodukte, Mehl, einige Fischsorten und frisches Gemüse wurden aus Potsdam und den umliegenden Dörfern für die Schloßbewohner angeliefert. Doch der König wollte als Feinschmecker und großzügiger Gastgeber auch mit allen Delikatessen versorgt sein, die die Märkte außerhalb Preußens zu bieten hatten. Für diese speziellen Bedürfnisse sorgte seit langem die bekannte Hamburger Firma Martino Salvatori & Co. Von hier aus gelangten, auf Eis gelagert, das im letzten Winter aus Seen und Teichen gebrochen und seitdem in tiefen Kellerräumen gelagert worden war, Austern, frischer Lachs und See-

fische jeder Art, Hummer und Bücklinge, aber auch die begehrten Trüffeln, Räucherfleisch und englischer Käse auf die königliche Tafel.
Über diese Lieferungen wie über alles, was im und um das Schloß herum geschah, wachte ein aus den Reihen der Dienerschaft durch Friedrichs Gunst Aufgestiegener. 1740, im Jahr der Thronbesteigung Friedrichs II., war er, der ehemalige kronprinzliche Kammerdiener Michael Gabriel Fredersdorff, zum Geheimen Kämmerer und Obertresorier ernannt worden. Er bewohnte, was seine Ausnahmestellung am Hofe Friedrichs unterstrich, im Schloß von Sanssouci das Zimmer zwischen den Privaträumen des Königs und den im Seitenflügel gelegenen Wohnstätten der Dienerschaft und des Küchenpersonals.
Fredersdorff prüfte mit penibler Genauigkeit alle Ausgaben und Rechnungen der königlichen Haushaltsführung und überwachte mit scharfem Blick Küchen- und Hauspersonal. Und wie an jedem Tage erwartete er auch heute um acht Uhr des Morgens in seinem Amtszimmer die Verantwortlichen aus Küche, Vorrats- und Silberkammer. Sie mußten ihm die Tageszettel über den Verbrauch des Vortages übergeben, die genau durchzusehen sich Fredersdorff wie stets viel Zeit ließ.
Ein Zeitgenosse schilderte ihn als geschickt und geschmeidig, auf seinen Vorteil bedacht und prunkhaft. Denn anders als der König, der auf sein Äußeres wenig gab, kleidete sich Fredersdorff stets mit Aufwand à la mode nach dem Motto »Kleider machen Leute«. Fredersdorff war ein großgewachsener, gutaussehender Mann. Er hatte sich in langjähriger Übung gewandt auszudrücken gelernt und die Umgangsformen eines Mannes von Welt angenommen. Leuten von Rang und Stand gab er sich höflich und zuvorkommend, zu den Bediensteten aber wahrte er betonten Abstand. Wenn er, mittlerweile »Geheimer Kämmerer«, der Dienerschaft gegenüber seine höhere Stellung hervorhob, konnte er damit doch nicht vergessen machen, daß auch er aus kleinen Verhältnissen kam. Sein Vater hatte sich als Stadtmusiker in dem unbedeutenden Oderstädtchen Gartz mit einer bescheidenen Existenz begnügen müssen. Er selbst hatte in jungen Jahren im Musketierregiment von Schwerin in der Regimentskapelle die Oboe gespielt. Dann war er in Küstrin mit seinem Instrument vor dem Kronprinzen Friedrich aufgetreten, was sein Leben entscheidend verändern sollte. Der Prinz, beeindruckt

*Michael Gabriel Fredersdorff*

vor allem von Fredersdorffs stattlicher Erscheinung, hatte ihn aus seiner subalternen militärischen Stellung gelöst, in seine Umgebung aufgenommen und nach Ruppin und Rheinsberg, seinen damaligen Wohnsitzen, mitgenommen. In diesem neuen Umfeld begann Fredersdorff seine zweite Laufbahn. Seine Verschwiegenheit, Anhänglichkeit und absolute Zuverlässigkeit ließen ihn rasch alle Positionen eines Bedienten durchlaufen. Vom einfachen Lakaien war er bald zum Kammerdiener seines Herrn aufgestiegen, bis er den Rang eines Verwalters der königlichen Schatulle erreichte. In dieser Stellung zählte er zu den wichtigsten Vertrauten des Königs. Er kümmerte sich um Ankauf und sichere Verwahrung der Flöten und Tabaksdosen Friedrichs, um die Beschaffung der Lebens- und Genußmittel für die königliche Hofhaltung, um den täglichen Speiseplan, um den Erwerb der für die weitere Ausgestaltung der königlichen Schlösser und Gärten benötigten Materialien und Kunstwerke, um die Einladungen für alle anfallenden Hoffestlichkeiten und um die Dienstwilligkeit des Hofpersonals.
Friedrich wußte, was er an einem solchen Diener hatte, der alle Fäden des Schloßbetriebes in den Händen hielt und ihm darüber hinaus auch in verschwiegenen Staatsgeschäften zu Diensten war. Das bezeugt eindrucksvoll der umfangreiche Briefwechsel des Königs mit Fredersdorff und seine darin ablesbare ängstliche Besorgnis um die stets gefährdete Gesundheit seines Kämmerers. Als dieser nach einer längeren Erkrankung wieder zu genesen begann, mahnte ihn Friedrich »aber das Fenster mus feste zubleiben und in der Camer mus Stark Feuer Seindt« und warnte ihn zugleich vor der »närrischen Quacksalberei« der »idioten Doktors und alten Weibern«.
So mancher Bittsteller, der beim König in Preußen etwas für sich erreichen wollte, wandte sich vorher vertrauensvoll an Fredersdorff. Wer ihn für sich zu gewinnen verstand, konnte sicher sein, daß sein Gesuch bestimmt unter die Augen des Königs kam. Daß man sich dafür erkenntlich zeigte, verstand sich von selbst. Fredersdorffs Reichtum mehrte sich. Bald verkehrte er mit einflußreichen Berliner Kaufleuten, heiratete in ihre Kreise ein und erwarb ein Gut. Eine wohl einzigartige Laufbahn eines Dieners im friderizianischen Preußen.

# Der König regiert

Um neun Uhr begann ein wichtiger neuer Tagesabschnitt in Sanssouci, denn jetzt regierte der König Preußens von seinem Arbeitszimmer aus. Er allein traf Entscheidungen in großen und kleinen Angelegenheiten, er entschied und ordnete an für den gesamten Staat, für die Provinzen, ja sogar für einzelne Städte und Dörfer. »Unser Staat braucht einen Herrscher, der mit eigenen Augen sieht und selbst regiert. Wollte das Unglück, daß es anders würde, so ginge alles zu Grunde. Nur durch emsigste Arbeit, ständige Aufmerksamkeit und viele kleine Einzelheiten wird bei uns Großes vollbracht«, beschrieb Friedrich sein Verständnis seiner Aufgaben als Monarch.

Und bei anderer Gelegenheit setzte er seinem Bruder August Wilhelm auseinander: »Ist dem Herrscher also der Zusammenhang des Ganzen nicht vertraut, so muß der Staat darunter leiden.« In allen Staatsangelegenheiten, sei es das Heerwesen, der Festungsbau, die Wirtschaft, der Handel, die Justiz oder Finanz- und Steuerfragen, ganz zu schweigen von der Außenpolitik, behielt sich der König die letzten Entscheidungen vor, die für alle Staatsorgane wie für seine Untertanen sofort bindende Kraft besaßen. Darauf hatte er seinen ganzen Regierungsstil ausgerichtet. In sich, in seiner Person als gekrönter Monarch, sah er das Recht verkörpert, zu befehlen und anzuordnen. Von seinen Untertanen hingegen, vom Minister und General bis zum letzten Tagelöhner, erwartete er bedingungs- und widerspruchslosen Gehorsam. Er verlangte und erwartete, daß das, was er mit königlicher Autorität anordnete, sofort und ohne Wenn und Aber ausgeführt wurde. Nur in einem Bereich hat Friedrich im Laufe der Zeit seinen Anspruch zurückgenommen, das letzte Wort zu haben, nämlich in dem des Zivilrechts, also bei Streitfällen seiner Untertanen untereinander. Hier war er bereit, dem Berliner

Kammergericht seinen Platz zu lassen, wenn es beispielsweise in einem Erbschaftsstreit eine Entscheidung gefällt hatte. In der Strafjustiz aber behielt er, der 1753 die Folter als barbarisches Mittel der Herbeiführung eines Geständnisses abschaffen sollte, sich stets das Recht der Festsetzung des Urteils vor, um es nach dem Spruch des Gerichts als letzte Instanz zu mäßigen oder zu verschärfen.
Erst vor einigen Monaten, im April 1750, hatte er in dieser Absicht an den Minister von Bismarck, den Leiter des preußischen Kriminaldepartements, eine Kabinettsorder erlassen. Sie verfügte, daß ein Straßenräuber namens Freudenreich statt einer zwei- eine zehnjährige Festungsstrafe verbüßen sollte, weil das ursprüngliche Strafmaß nach seiner Ansicht der Schwere des Verbrechens nicht entsprach.
In der zentralen Staatsbehörde, dem »Generaldirektorium« mit seinen fünf Abteilungen und fünf Ministern an der Spitze, verantwortlich für Manufakturen, für die Militärverwaltung, das Forst- wie für das Berg- und Hüttenwesen, sah der König nur ausführende Werkzeuge seines Willens. Sie sandten jeden Tag ihre Berichte über ihre Ressorts betreffende Sachverhalte, in denen es um eine Entscheidung ging, an den König. Dieser sprach sich selbstbewußt die Fähigkeit zu, sich in allen an ihn herangetragenen Vorgängen auszukennen. Ein klarer Kopf, meinte er, erfasse ihr Wesen mit Leichtigkeit. Dieses Verfahren hatte zur Folge, daß Friedrich mit seinen Ministern gewöhnlich nur schriftlich verkehrte und sie in der Regel nur einmal im Jahr, zur sogenannten Minister-Revue, sah und sprach.
Die letzte derartige »Revue« hatte erst vor einigen Wochen in Sanssouci stattgefunden. An dem dafür bestimmten Tage standen morgens um neun Uhr nicht die Kabinettsräte, sondern die Minister des Generaldirektoriums und andere hohe Beamte im Empfangszimmer des Schlosses in einem Halbkreis versammelt. Gegen neun Uhr trat der König ein, hob kurz seinen dreieckigen Hut, den er nur an der Tafel und während seiner Konzerte abzusetzen pflegte, und begrüßte die Minister in französischer Sprache. Danach begann er sie nacheinander zu befragen, wie es in ihrem Bereich mit der Verwaltung und vor allem mit den Finanzen stünde. Gelang es dem Betreffenden, sich hierzu sachkundig und mit Tatsachen belegt zu äußern, nickte der König zum Zeichen seines

*Friedrich in seiner Bibliothek*

Einverständnisses. Doch wehe dem, der sich durch die Art des Königs einschüchtern ließ und nicht angemessen zu antworten wußte. Dem Betreffenden drohte Friedrich: »Herr, das sind leere Exküsen [Entschuldigungen]. Finde ich ihn das nächstemal wieder auf fahlem Pferde, so werde ich ihn nach Spandau [hier befand sich ein Festungsgefängnis] schicken! Merk er sich das!« Seinen Worten entsprechenden Nachdruck verleihend, schlug der König mit dem Stock, seinem ständigen Wegbegleiter, dreimal andeutungsweise auf die Schulter des Gemaßregelten.
Da Friedrich als absoluter Herrscher alles selbst überprüfen, regeln und entscheiden wollte, war er auf übersichtliche Kürze der darzulegenden Probleme angewiesen. Daher die strikte Forderung, daß alle an ihn abgesandten Berichte kurz und knapp gehalten sein mußten. Schnell traf er nach Kenntnisnahme ihres Inhalts seine Entscheidungen. Dieses Regime bedeutete, daß zwar schnell entschieden wurde, jedoch förderte es bei den höheren Beamten den Zustand der Verantwortungslosigkeit: Wozu eine eigene Entscheidung fällen wollen, wenn der König doch in allen Angelegenheiten das letzte Wort sprechen würde.
Diese so getroffenen königlichen Entscheidungen erfolgten in zwei verschiedenen Formen: Entweder schrieb Friedrich II. sie selbst nieder, oder er diktierte sie seinen Kabinettsräten. Entschloß er sich zur eigenen Niederschrift, dann erfolgten sie in der Regel als Randbemerkungen (Marginalien) auf der stets freibleibenden linken halben Seite der ihm vorgelegten Schriftstücke. Er bediente sich dabei der deutschen Sprache als der in Preußen geltenden Amtssprache. Lesen und Schreiben hatte er im Kindesalter in französischer Sprache gelernt. Deshalb waren seine Kenntnisse in der deutschen Schriftsprache nur mäßig ausgebildet. Er schrieb stets den Klang der Wörter auf und somit orthographisch und grammatikalisch falsch. Um so eindeutiger waren seine Randbemerkungen in ihrer Aussage. Von der mißtrauischen Vorstellung erfüllt, daß seine Beamten fern seiner Aufsicht auf Kosten des Staates ein bequemes Leben führten, schrieb er einem seiner Minister: »Sie laßen got ein guter Man seindt und wan Sie nuhr lange Schlafen viehl eßen und wenig arbeit haben So ist ihm alles geleich.«
Da die ständige Sorge des Königs vor allem dem Unterhalt seines Heeres galt, drängte er darauf, mit den Ausgaben für die übrigen Landesbe-

dürfnisse äußerst sparsam umzugehen, und überprüfte streng die vorgelegten Kostenanschläge. So im Falle der Ausbesserung der Chaussee zwischen Rheinsberg und Ruppin, für die 195 Taler angesetzt worden waren: »... die Reparation ist gantz und gar nicht nöhtig, ich kenn den Wek«. Ebenso unterdrückte er unnachsichtig jeden Versuch, eine von ihm getroffene Personalentscheidung in irgendeiner Form rückgängig zu machen oder abzumildern. Scharf wies er den Chefpräsidenten der Schlesischen Kammern zurecht, als er erfahren hatte, daß durch ihn ein von ihm entlassener Kriegsrat als Kanzler im Stift Trebnitz untergebracht worden war: »Was ist das vor Manier, daß, wenn ich eine Canaille aus der Kammer jage, ein Minister sich zum Canaillen-Protecteur [Beschützer] macht! Nehmt Euch in Acht, daß Maß ist beinahe voll, und wo Ihr nicht Eure hartnäckige Tücke und Euer Interesse centeniret [unterlasset] so kommt Ihr, so wahr ich lebe, zeitlebens in die Festung.«
Bei anderer Gelegenheit warnte er alle Beamten, daß er keinen Widerspruch gegen seine Anordnungen dulden werde: »Die Herren seindt bestellt, Meine Arbeit zu Exsecutieren [auszuführen], aber nicht zu intervertiren [umzukehren]... Sie müßen gehorsam Sich regieren und nicht regieren laßen.«
Schneller ging die Erledigung der Staatsgeschäfte voran, wenn sich der König nicht selbst mit der Feder abplagte, sondern seine Meinung seinen Kabinettsräten mündlich kundtat, die sie mit Bleistift auf die von ihnen vorgelegten Schriftstücke zu setzen hatten. Sie, die der König in Anbetracht ihrer Dienste »meine Schreiber« nannte, kamen im Gegensatz zu anderen hohen Beamten alle aus dem Bürgerstand. Sie waren seine Werkzeuge für die Weiterleitung seiner Beschlüsse an die Verwaltungsorgane in Stadt und Land und mußten vor ihrer Berufung den Beweis absoluter Zuverlässigkeit erbracht haben.
Mehrere Kabinettsräte standen an diesem Augustmorgen des Jahres 1750 wie gewohnt schon von sechs Uhr früh an in voller Dienstkleidung im Empfangszimmer des Schlosses von Sanssouci bereit, gewärtig, jeden Augenblick vor ihren königlichen Herrn gerufen zu werden. Doch selten kam es vor, daß der König sie vor neun Uhr von ihrem stundenlangen Warten erlöste. So auch heute. Und es ging schon auf halb zehn, als der

erste der im Empfangszimmer wartenden Räte endlich vor den König gerufen wurde. Dann ging alles sehr schnell: Der König überflog die ihm aus einer Mappe gereichten Auszüge des Kabinettsrates, reichte ihm das Blatt zurück und diktierte seine kurze Entscheidung, die der Kabinettsrat mit Bleistift an den Rand des Schriftstückes schrieb.
Diese Methode erforderte viel Übung, eine schnelle Auffassungsgabe und große Schreibgewandtheit, denn es war den Räten nicht gestattet, sich dabei zu setzen, sie mußten ihre Eintragungen stehend vornehmen. Nacheinander wurden die wartenden Kabinettsräte vor den König gerufen, dann waren alle zu bearbeitenden Dienstangelegenheiten für diesen Vormittag erledigt.

# Die Windspiele des Königs

Es war schon fast dreißig Minuten nach zehn Uhr, als Friedrich seine Kammerhusaren und Kammerlakaien rief, die sich gleich um ihn zu schaffen machten. Einer trug eine Schüssel herbei, in der sich der König mit einer Serviette erneut Gesicht und Hände wusch, zwei andere bestrichen seine Haare mit Pomade und puderten ihn, wieder ein anderer half ihm, den blauen Uniformrock seines Leibgardebataillons anzulegen, den er nach dem Vorbild des Vaters täglich vor seinen Gästen und der Öffentlichkeit trug.
Inzwischen war das Reitpferd des Königs von einem Kammerhusaren in den Ehrenhof des Schlosses geführt worden. Seit zehn Uhr stand es hier mit vollem Sattelzeug bereit. Man erwartete, daß der König wie üblich in die Stadt reiten würde, um Punkt elf Uhr vor dem Stadtschloß die Parade der Potsdamer Garnison abzunehmen und der Ausgabe der Tagesparole beizuwohnen und anschließend mit seinen Gardetruppen auf dem Lustgarten eine kurze Exerzierübung durchzuführen. Doch für heute hatte sich der König anders entschieden. Er begnügte sich damit, den schon ungeduldig wartenden Potsdamer Kommandanten mit der Parole des Tages bekannt zu machen. Dann befahl er, seine Windspiele vorzuführen.
Früher, als Kronprinz und in seinen ersten Regierungsjahren, hatte Friedrich nach der Mode der Zeit einige kleine Affen gehalten, die er in bunte Kleider stecken ließ und in einem Käfig hielt, wo sie ihn mit ihrem possierlichen Wesen erfreuten. Doch davon war er längst abgekommen. Jetzt hielt er sich eine Gruppe von Windspielen, friedfertige und stets wärmebedürftige Geschöpfe, die nicht von seiner Seite wichen.
Die Hunde nahmen am Hof von Sanssouci eine besonders bevorzugte Stellung ein. Zum täglichen Verdruß der Lakaien genossen sie in allen

*Das Reitpferd des Königs wird in den Ehrenhof geführt*

*Der Garnisonskommandeur empfängt die Tagesparole vor der Statue des Mars*

Schloßräumen vollständige Freiheit und konnten tun und lassen, was sie wollten. Ihre liebsten Ruheplätze waren die mit kostbaren Stoffen überzogenen Sofas und Stühle, die sie oft genug verschmutzten. Damit ihnen die Zeit nicht zu lang wurde, hatte der König für sie zum Spielen in den Schloßräumen kleine Lederbälle auslegen lassen. Zur Bedienung war für sie auf ausdrücklichen Befehl des Königs einer der »kleinen Lakaien«, wie seine jüngsten Bedienten genannt wurden, bestimmt worden. Er fütterte sie und führte sie im Park, bei schlechtem Wetter in den Schloßräumen, spazieren. Gefüttert wurden sie aufwendig mit kaltem Braten, Kuchen, Buttersemmeln, Milch und Wasser. Für seinen Lieblingshund sorgte der König sogar an der Mittagstafel; die diesem zugedachten Fleischstücke nahm er mit den Fingern von der ihm vorgelegten Platte, legte sie auf das Tischtuch zum Abkühlen, bevor er sie dem neben seinem Stuhl liegenden Tier reichte.

Zuweilen geschah es, daß der König die Kleine Galerie neben seinem Bibliothekszimmer aufsuchte und über der Betrachtung der Gemälde vergaß, daß es auf zwölf Uhr ging, die Zeit, in der das Mittagsmahl angerichtet zu werden pflegte. Seine Diener, die ihn hier nicht zu stören wagten, führten dann einen seiner Lieblingshunde vor die geschlossene Tür zur Galerie. Durch dessen Winseln und Kratzen wurde der König wieder der Zeit gewahr und erschien pünktlich bei der Tafel. Die Hunde waren immer um den König, sie begleiteten ihn auf seinen Reisen und in Kriegszeiten sogar in die Feldlager. Seine Lieblingshündin wich nie von seiner Seite. Bei Tage ruhte sie im Arbeitszimmer ihres Herrn auf einem besonderen Stuhl, bei kühlem Wetter vorsorglich mit einem Kissen bedeckt, nachts schlief sie in seinem Bett. Die anderen Tiere wurden des Abends von ihrem Betreuer in ihren Zwinger geführt und kehrten erst morgens nach dem Wecken wieder in die Schloßräume zurück. Nach dem Tode seiner Lieblingshündin trauerte der König um sie wie um einen ihm nahestehenden Menschen. Ihren Begräbnisplatz fand sie am Ostrand des obersten Plateaus von Sanssouci, dort, wo sich auch der König sein Grab vorbehalten hatte, im Schatten der liegenden Flora aus Marmor.

Steinerne Platten bedeckten die Gräber der königlichen Hunde. Zur Erinnerung hatte der König in sie die Namen aller seiner Lieblinge

*Zwei Windhunde in einem Sessel*

einmeißeln lassen: Alcmene, Thisbe, Phyllis, Diana, Amouretto, Pax und Superbe.
Nur von seinen Hunden umdrängt und ohne jede Begleitung, war der König inzwischen die westliche Rampe am Rande des Weinberges hinabgestiegen, bis er die Hauptallee erreichte, die unterhalb der Hügelkette von Sanssouci in Richtung von Osten nach Westen verläuft. Bald ließ er auch den Bereich des großen Parterres am Fuße des Weinberges hinter sich, wandte sich auf der Hauptallee nach Westen und war nach wenigen Minuten durch dichte Buchenhecken allen Blicken entzogen.

*Der König mit seinen Windspielen bei der Flora-Statue vor dem Schloß*

# Die Mittagstafel

Während der Abwesenheit des Königs arbeiteten Dienerschaft und Küchenpersonal in großer Anspannung. Bis zwölf Uhr waren alle Vorbereitungen für die große Mittagstafel zu treffen, denn der König achtete streng darauf, daß der vorgegebene Zeitplan eingehalten wurde. Und genau zu dieser Zeit öffnete ein Kammerlakai die in den Marmorsaal führende Tür für den König und seine Gäste. In der Mitte des elliptisch angelegten Raumes stand auf dem farbig eingelegten Marmorfußboden ein großer runder Tisch, bedeckt mit blendendweißen, frisch gestärkten Damasttüchern, kostbarem Porzellangeschirr, Tafelsilber und funkelnden Kristallgläsern. Ein runder Tisch als Tafel für den König und seine Gäste war etwas ganz Neues am Hofe eines Herrschers. Die durch diese Tischform bedingte Sitzordnung hob jeden Unterschied zwischen Fürst und Gast auf. Weder saß, wie sonst üblich, der Herrscher erhöht, noch wurden seine Tischgäste durch einen Zwischenraum von ihm getrennt.

Kaum hatten die Kammerlakaien der Tischgesellschaft die Stühle zurechtgerückt, als zwölf Köche in langer Reihe, angeführt vom Küchenmeister, mit den auf großen Platten zubereiteten Gerichten den Marmorsaal betraten. Um die Speisen auf dem weiten und umständlichen Weg von der Küche durch die Gästezimmer warm zu halten, waren sie mit Wärmeglocken abgedeckt. Den Abschluß des Zuges bildete der Konditor. In der einen Hand trug er eine Schale mit Konfekt für den Nachtisch, in der anderen die Menageplatte mit Behältnissen für Essig, Speiseöl, Senf, Salz und Pfeffer und einige frische Zitronen. Konfektschale und Menageplatte wurden gleich auf der Tafel abgestellt. Alle anderen Platten kamen auf einen großen Beistelltisch. Der Küchenmeister legte vor, die Kammerpagen und Kammerlakaien trugen die Speisen nach Gängen auf.

Eine Zeitlang konzentrierte sich Friedrich ganz auf das Essen. Es galt, die richtige Wahl zu treffen. Da gab es Speisen aus der italienischen und französischen Küche und solche, die Friedrich nach seinen eigenen Angaben hatte zubereiten lassen. Sie mußten alle scharf gewürzt sein, im übrigen bevorzugte er neben Pasteten vor allem Mehl- und Käsespeisen, schätzte aber auch Schinken mit Beilagen von Sauerkohl und Grünkohl. Dazu trank er, mit Wasser vermischt, Mosel- und Bordeauxweine.
Wenn sich jeder Gast nach seinem Wunsch und Geschmack ausreichend von den Vor- und Hauptspeisen bedient hatte, wurde unter der Aufsicht des Haushofmeisters der Nachtisch aufgetragen. Neben frisch zubereitetem Konfekt standen Kristallschalen mit eingezuckertem Obst und frischen Früchten. Während des Essens hatte Friedrich auf der neben ihm liegenden Speisekarte du jour (des Tages) zu den einzelnen Gerichten Zeichen mit einem Bleistift gemacht, die sein Urteil über die Qualität des Gerichtes ausdrückten, das er irgendwann nach der Tafel dem Küchenmeister mitteilen würde. Heute indes schien er mit allem Dargebotenen zufrieden. Mit einer gnädigen Handbewegung gab er seine Zustimmung Haushofmeister und Küchenchef bald unmißverständlich zu verstehen, die sich daraufhin unter vielen Verbeugungen aufatmend zurückzogen. Doch noch fehlte das Zeichen für die Kammerpagen und Kammerlakaien, Teller und Bestecke abräumen zu lassen und die Platten mit den Speiseresten in die Küche zurückzubefördern, wo sich die Dienerschaft, die sonst kurzgehalten wurde, an ihnen gütlich tun konnte.
Alle, die im Schlosse etwas zu sagen und anzuordnen hatten, schärften den Lakaien ständig ein, mit dem kostbaren Tafelporzellan vorsichtig umzugehen. Erst seit einigen Jahrzehnten, seit 1708, war man in Europa in der Lage, Porzellan herzustellen. 1710 hatte der Kurfürst von Sachsen in Meißen die erste europäische Porzellanmanufaktur einrichten lassen, die seitdem für viel Geld die Höfe mit dem begehrten »weißen Gold« versorgte. Von Johann Joachim Kändler entworfene Vasen und Figuren zierten die Innenräume fürstlicher Wohnstätten, und auf den Tafeln der Könige verdrängte erlesenes Porzellangeschirr, phantasievoll bemalt und von blendendem Weiß, die jetzt hausbacken wirkenden ehemaligen Teller, Schüsseln und Kannen aus grauem Zinn.

# Tischgespräche

Schon während des Essens war bei Tisch eine rege Unterhaltung zwischen dem König und seinen Gästen in Gang gekommen, die vorwiegend durch Friedrich selbst bestritten wurde. Man sprach Französisch miteinander, damals in Europa die Sprache bei Hofe und der großen Welt. Außerdem waren die meisten der hier Versammelten bis auf den König und seinen Generaladjutanten keine Deutschen und der deutschen Sprache meist nur in Ansätzen mächtig.

Das jetzt immer lebhafter werdende Gespräch über Fragen der Politik und Geschichte, der Philosophie und Religion, Armee und Krieg bildete ein wichtiges, ja entscheidendes Element der berühmten Tafelrunde von Sanssouci, einer zu ihrer Zeit an den Höfen Europas einzigartigen Erscheinung. Dazu gehörte auch, daß hier nur Männer versammelt waren.

Sanssouci war ein frauenloses Schloß. Wilhelmine, die als Lieblingsschwester des Königs zu den wenigen auserwählten Frauen gehörte, die gelegentlich eine Einladung nach Sanssouci erhielten, hat das Weinbergschloß ein Kloster und ihren Bruder den Abt dieses Klosters genannt. Zu seiner Frau Elisabeth Christine – die Ehe war ihm als jungem Menschen durch das väterliche Gebot aufgezwungen worden – unterhielt Friedrich längst nur noch sehr lockere Beziehungen. Sie lebte 1750 schon seit langem in halber Verbannung im Schloß Niederschönhausen, im Berliner Schloß oder im Schloß Monbijou. Ihre zaghaften Bitten, Sanssouci wenigstens besuchen zu dürfen, waren in Friedrichs Ohren unerhört verhallt.

Die Sitzordnung, durch die der Abstand zwischen dem Monarchen und den gewöhnlichen Sterblichen an seiner Seite scheinbar aufgehoben wurde, hat manchen Besucher Sanssoucis zu enthusiastischen Urteilen veranlaßt. Ein Gast pries die Tafelrunde als Gelegenheit zu einem Gedankenaustausch von gleich zu gleich: »Wir legen sämtlich den Schleier ab, mit dem sich die Hofleute gewöhnlich in Gegenwart des Herrschers bedecken. Die Herzen öffnen sich wechselweise, und der Gast wird durch keine Fessel gelähmt.« Sah es Friedrich auch so? Sicher galt auch für ihn, daß ein Monarch nur Menschen in seiner Nähe duldete, die ihm von Nutzen sein konnten. Bei den wenigen, die er in seine Tafelrunde aufnahm, machte er daher bedeutende Bildung und die Fähigkeit, ein geistreiches Gespräch führen zu können, Schlagfertigkeit und Witz zur ersten Bedingung. Das setzte freilich auch die Einsicht bei ihm voraus, des Umgangs mit solchen Personen zu bedürfen, die ihm geistige Anregungen zu geben vermochten. Nur sie erachtete er im Reiche des Geistes seiner ebenbürtig, von den übrigen Menschen jedoch trennte ihn ein ungeheurer Abstand. Und noch etwas anderes stand unausgesprochen im Raum: Der König gestattete den Mitgliedern seiner Tafelrunde lediglich hier, im Gespräch mit ihm, freimütig ihre Meinung in Fragen der Religion, Philosophie, Kunst und Geschichte zu äußern und mit ihm zu streiten. Friedrich wollte eine gelöste, offene Unterhaltung, in der man laut denkt, ungeniert spricht und keinen Widerspruch übelnimmt. Mit einem König streiten zu können war viel, an anderen Höfen zu Lebzeiten Friedrichs durchaus die Ausnahme. Die Einmischung der Angehörigen der Tafelrunde in die Staatspolitik Preußens aber oder gar eine kritische Äußerung über seine Tätigkeit als Herrscher duldete auch Friedrich nicht. Seine Gäste in Sanssouci mußten gleichsam eine Trennung seiner Person in den Gesprächspartner und den Herrscher anerkennen und sich mit dem ersteren zufriedengeben. Nur wer sich darauf einzustellen verstand, war und blieb in Sanssouci willkommen.

Zur Rechten Friedrichs saß an diesem Augusttag von 1750 als einer seiner bevorzugten Günstlinge ein Franzose, ein Mann in der Mitte der Vierziger, der Marquis d'Argens. Großgewachsen und kräftig, plagte ihn dennoch die ständige Furcht vor allen möglichen Erkrankungen, und seine Angewohnheit, mehrere Kleidungsstücke übereinander anzulegen, um Erkältungen in den fußkalten Räumen von Sanssouci zu entgehen, waren für die Tischgesellschaft eine Quelle ständiger Belustigung. Man wetteiferte darin, ihm einzureden, daß er krank sei, und

schilderte ihm mit gespieltem Ernst die vermeintlichen Anzeichen seiner Leiden. Doch nicht diese Schrulle von d'Argens hatte den König bewogen, ihn an seine Seite zu ziehen: Der Marquis erfüllte die wichtigste Bedingung, in die Tafelrunde von Sanssouci aufgenommen zu werden: Er war ein hochgebildeter Mann. Er kannte aus eigener Anschauung den Orient und hatte sich mit der Philosophie auseinandergesetzt, Musik und Malerei betrieben. Durch seinen Dienst als Offizier in der französischen Armee kannte er sich auch in der Kriegskunst und der Kriegsgeschichte aus. Seine freimütigen Schriften hatten in Frankreich den Zorn der Geistlichkeit erregt, und deren Verfolgungen waren es, die ihn außer Landes gehen ließen. 1741 schließlich gelangte er nach Berlin, um bald die Aufmerksamkeit Friedrichs auf sich zu ziehen, der ihn zu seinem Kammerherrn ernannte, ihn zum Direktor der philosophischen Klasse der Berliner Akademie der Wissenschaften berief und ihm ein Zimmer in Sanssouci einräumte.
Neben ihm an der Tafel saß ein weiterer Franzose, der Mathematiker und Philosoph Pierre de Maupertuis, der die Anwesenden mit seinen Abenteuern als Seemann und als Forschungsreisender unterhielt. Seit 1740, dem Jahr, in dem Friedrich auf den preußischen Thron gelangt war, hielt sich Maupertuis in Berlin auf, focht unter Friedrichs Fahnen gegen die Österreicher und wurde 1746 durch königliche Order zum Präsidenten der Berliner Akademie der Wissenschaften berufen. Seine Berliner Wohnung war berühmt, war sie doch durch Maupertuis in eine wahre Menagerie von Affen und Schlangen verwandelt worden.
Eines der Mitglieder der Tafelrunde allerdings nahm wenig Anteil am Gespräch. Es war ein noch junger Mann, Claude Etienne Darget, der Vorleser und Sekretär des Königs. Er hielt sich bescheiden zurück, da er wußte, daß er hier in der Tafelrunde von Sanssouci eine Sonderstellung einnahm, diente er dem König doch in einer untergeordneten Stellung und war aus einfachen Verhältnissen aufgestiegen. Aber wie Fredersdorff hatte auch er ein engeres Verhältnis zu seinem königlichen Herrn gewinnen können. Sein Glück machte er im Zweiten Schlesischen Krieg durch seine Kaltblütigkeit. Damals noch Sekretär des französischen Gesandten in Berlin, nahm er als Beobachter auf preußischer Seite am Feldzug teil. In dessen Verlauf überfielen ungarische Panduren eines

*Der König mit seinem Besucher, dem Marquis d'Argens, vor der Statue des betenden Knaben*

Tages unerwartet das Zeltlager des preußischen Königs. Geistesgegenwärtig gab sich Darget für seinen Herrn aus und ging an seiner Stelle in Gefangenschaft. Als Friedrich dieser Vorgang zugetragen wurde, imponierte ihm Dargets Tat, so daß er ihn 1746 zu seinem Vorleser berief. Seitdem fiel ihm die Aufgabe zu, die in französischer Sprache abgefaßte Korrespondenz des Königs zu korrigieren, eine Tätigkeit, die ihn in viele Hofgeheimnisse einweihte.

Um so ungezwungener gab sich ein kleiner dicklicher Mann, der die Tafelrunde mit seinen Späßen und lustigen Anspielungen aufs beste unterhielt. Und dabei hatte ihm das Leben in der Vergangenheit nur zu übel mitgespielt, seitdem er, eigentlich Arzt von Beruf, mit Schriften hervortrat, die durch ihre radikalen philosophisch-materialistischen Positionen ihm seitens der Geistlichkeit Haß und Verfolgungen einbrachten. Sein Name war Julien Offray de Lamettrie. Zuerst sah er sich gezwungen, seine französische Heimat zu verlassen, um in Holland eine neue Existenz zu finden. Doch auch hier war seines Bleibens nicht lange, nachdem das Erscheinen seines Buches »L'homme machine« (»Der Mensch eine Maschine«) für einen ungeheuren Skandal sorgte, was dazu führte, daß seine Schrift als Teufelswerk verbrannt wurde. In diesem Werk hatte Lamettrie den Gedanken der materiellen Einheit des Menschen vertreten, den er als ein zusammenhängendes stoffliches System begriff und die Existenz einer nicht an den Körper gebundenen Seele leugnete. Friedrich II. hatte an den Verfolgungen Lamettries mitfühlend Anteil genommen und ihn 1748 durch Maupertuis auffordern lassen, nach Berlin zu kommen und hier sein Gast zu sein. Seitdem lebte der Flüchtling abwechselnd in den beiden Residenzstädten Berlin und Potsdam. Friedrich gefielen Lamettries unerschöpfliche Fröhlichkeit und seine Gesellschaftsauffassung. Denn die Möglichkeit der Vervollkommnung der Gesellschaft sah Lamettrie in Abhängigkeit von den Fortschritten in Wissenschaft und Philosophie unter der Schirmherrschaft eines aufgeklärten Monarchen von der Art Friedrichs II.

Die Unterhaltung an der Tafel in Sanssouci entwickelte sich, wie so oft, zu einem Zwiegespräch zwischen dem König und dem Philosophen. Friedrich wollte wissen, was ein Staat darstelle. Lamettrie nahm den menschlichen Körper als Muster eines wohlgeordneten Staates. Dem

Magen wies er die Rolle des Königs, des Monarchen, zu. Auf die erstaunte Frage Friedrichs, warum gerade der Magen König sein solle, antwortete Lamettrie hintersinnig mit der Andeutung eines Lächelns: »Weil er alles bekommt.« Die menschlichen Gliedmaßen verglich er in ihrer Funktion mit dem Militärstand, der die Pflicht habe, den Staat zu verteidigen. Im Gehirn hingegen sah er den Sitz der Gelehrten und Philosophen. Dann wagte Lamettrie eine Anspielung, die nicht falsch verstanden werden konnte. Das Gehirn, sagte er, wage allerdings nur so weit zu denken, wie Seine Majestät, der Magen, es ihm erlaube. Wenn es dieser Majestät schlecht gehe, dann sei auch dem Denken Lebewohl gesagt. Und er trieb seinen Vergleich noch weiter fort: In den Eingeweiden säßen die Handwerker und Manufakturisten, da werde der Nahrungssaft bereitet, woraus alle übrigen Glieder und Organe des Körper-Staates ihre Lebenskraft bezögen.

So erläuterte Lamettrie seine ihm als Ketzerei ausgelegte Position. Oft ging er noch weiter und sagte dem König viele unbequeme Wahrheiten über dessen Person, was ihm jedoch nicht übelgenommen wurde. Als er 1751, mit zweiundvierzig Jahren, unerwartet starb, empfand Friedrich aufrichtige Trauer über den Verlust des geistreichen und spottlustigen Tischgenossen. Lamettrie werde, schrieb Friedrich, von allen, die ihn gekannt hätten, betrauert: »Er war lustig, ein guter Teufel, ein guter Arzt und ein sehr schlechter Schriftsteller.« Als Zeichen seiner Wertschätzung verfaßte er selbst die Gedächtnisrede auf ihn.

Dann gab es in der Tafelrunde noch den italienischen Grafen Francesco Algarotti, im gleichen Jahre 1712 wie der König geboren. Erst 1747 konnte Friedrich den von seiner Unrast ständig Umhergetriebenen bewegen, als Kammerherr in den preußischen Hofdienst einzutreten. Friedrich achtete auch ihn wegen seiner umfassenden Bildung als Gesprächspartner. Wollte er ein wissenschaftliches Problem geklärt sehen, bei Algarotti fand er immer eine befriedigende Antwort.

Umhergetriebene waren auch die beiden an der Tafel sitzenden Schotten George und Jakob Keith. Als Angehörige des Adels ihres Landes hatten sie nach dem Fall des Hauses Stuart 1714 ihre Güter verloren und mußten im folgenden Jahre die Britischen Inseln verlassen, um in der Fremde Dienste anzunehmen. Schließlich waren sie nach Berlin gelangt

*Es wird zur Tafelrunde aufgetragen*

und von Friedrich mit offenen Armen aufgenommen worden, der Jakob Keith zum Generalfeldmarschall ernannte und ihn zum Gouverneur von Berlin erhob. Auch als Berater in internationalen Fragen war er dem König längst unentbehrlich geworden, er, der neun Sprachen verstand und sprach und sich als Kenner aller europäischen Höfe ansehen durfte. Auch sonst konnte er an der Tafel wohl bestehen, hatte er sich doch auch in den Wissenschaften umgetan. Sein Bruder, einstmals Lord-Marschall von Schottland, war mit seinen mehr als sechzig Jahren der Älteste an der Tafel. Er konnte sich jedoch nur mit großer Mühe in die lebhaft geführte Unterhaltung der Tischgesellschaft einschalten. Denn er war ungleich seinem Bruder der französischen Sprache nur unvollkommen mächtig und konnte sich in ihr nur schwer verständlich machen, weil er ständig nach dem richtigen Ausdruck seiner Gedanken suchen mußte. Das gab immer wieder zu Spaß und Scherzen Anlaß.
Auch an diesem Tage war der Graf Friedrich Rudolf von Rothenburg Gast an der Tafel des Preußenkönigs. Rothenburg galt dem König als zuverlässiger Staatsdiener, sei es bei der Führung komplizierter diplomatischer Verhandlungen am Hofe von Versailles, sei es auf dem Schlachtfeld als Reitergeneral. Ihm, dem Freund, den er immer um sich sehen wollte, war zur ständigen Nutzung ein eigenes Zimmer im Schloß von Sanssouci eingeräumt, das den westlichen Flügel des Schlosses abschloß und in seiner Form ein Gegenstück zum königlichen Bibliothekszimmer bildete.
Gegen drei Uhr betrat der Haushofmeister den Speisesaal, um sich mit einem schnellen Blick auf die Tafel davon zu überzeugen, daß sie der König nach drei Stunden Dauer aufgehoben haben wollte. Während sich Friedrich mit einem leichten Kopfnicken und einer Handbewegung von seinen Gästen verabschiedete, wurde die Tafel endgültig abgeräumt.

*Voltaire*

# Der besondere Gast

Herrscher zu werden war Friedrich durch Geburt bestimmt. Doch wollte er mehr. Und der internationale Rang seiner Gesprächspartner in Sanssouci vermittelte ihm inzwischen nicht unbegründet das Gefühl, nicht nur als König von Preußen respektiert und gefürchtet zu werden, sondern auch auf die Mitgliedschaft im Kreise der europäischen Gelehrten und Denker Ansprüche erheben zu dürfen. In diesem Bewußtsein veröffentlichte er seine Werke unter dem Autorennamen »Philosoph von Sanssouci«. Mit besonderer Genugtuung erfüllte es ihn, daß er sich jetzt, im Sommer 1750, endlich auch des langersehnten Umgangs mit dem Haupt der europäischen Aufklärung, dem berühmten Schriftsteller und Philosophen Voltaire erfreuen konnte. Der Franzose Voltaire verkörperte wie kein zweiter Zeitgenosse die Aufklärung, eine Geistesbewegung, die an alles Bestehende das Maß der Vernunft anlegte. Er war ein Meister des Wortes. Seine Streitschriften gegen überlebte Denkweisen, gegen Aberglauben und Heuchelei, hatten in ganz Europa Verbreitung gefunden. Sie waren aber auch von denjenigen, die sich durch sie bloßgestellt sahen, verfolgt worden. Der Hof von Frankreich und die hohe Geistlichkeit waren gegen Voltaire angetreten. Seine Schriften waren verboten, ja sogar öffentlich als Schandschriften verbrannt worden. 1717/18 bereits hatte der junge Voltaire elf Monate in der Bastille, dem berüchtigten Pariser Gefängnis, als »Pensionär des Königs« von Frankreich zubringen müssen. Seine Beziehungen zu Friedrich II. reichten weit bis in das Jahre 1736 zurück. Damals hatte Friedrich von Rheinsberg aus zu dem bewunderten Philosophen Verbindung aufgenommen. 1740 hatte ihre Korrespondenz endlich zu einer ersten persönlichen Begegnung geführt. Seitdem war in Friedrich der Wunsch lebendig geblieben, den großen Schriftsteller und Philoso-

phen an seinen Hof zu ziehen, von ihm zu lernen und einen Abglanz seincs Ruhmes auch auf sich fallen zu lassen.
Lange warb Friedrich vergebens. Beide, der König und der Philosoph, verfolgten mit der Einladung und ihrer Annahme eigene Ziele. Der König hoffte, daß der Aufenthalt Voltaires in Potsdam seinen Hof an Rang und Ansehen gewinnen lassen würde, denn noch war Preußen nicht in den Kreis der europäischen Großmächte aufgestiegen. Aber er dachte auch an persönliche Interessen. Voltaire war als großer Meister der französischen Sprache dazu bestimmt, Friedrichs Dichtungen in ihrem sprachlichen Ausdruck zu verfeinern und zu verbessern. Er sollte sein »Grammatiker« sein. »Ich bedarf seiner zum Studium der französischen Sprache... Ich will sein Französisch haben.«
Außerdem war Voltaire ein ebenbürtiger Gesprächspartner, mit dem der König streiten und einen regen Gedankenaustausch führen konnte. Voltaire wiederum fühlte sich geschmeichelt, im Mittelpunkt königlicher Ehrungen und Aufmerksamkeiten zu stehen. Auch fühlte er sich von der Persönlichkeit Friedrichs angezogen. In ihm, der »Geist und Verstand« besaß, sah er einen Philosophen auf dem Thron, einen aufgeklärten, der modernen Zeit zugehörigen Monarchen. Er hoffte auch darauf, in Potsdam als Ratgeber in den Fragen der großen Staatspolitik »aufklärend« wirken zu können. Diese Erwartungen allerdings sollten sich nicht erfüllen. Voltaire mußte nach und nach die Erfahrung machen, daß Friedrich nicht daran dachte, ihm einen Einfluß auf die Staatsgeschäfte zuzugestehen.

# Das Flötenkonzert

König Friedrich hatte sich nach der Mittagstafel in seine Wohnräume zurückgezogen, um eine Zeitlang auf der Querflöte zu phantasieren. Schließlich erinnerte er sich unwillig daran, daß er sich wieder seinen Regierungsgeschäften zuwenden mußte. Schnell hintereinander unterzeichnete er einige von seinen Kabinettsräten nach seinen Anweisungen aufgesetzte Briefe. Wie so oft wies er auch diesmal Unterstützungsgesuche von Behörden und Einzelpersonen zurück und versah seine ablehnenden Bescheide mit bekräftigenden Randbemerkungen. Ihre Empfänger konnten folgende Bemerkungen lesen: »Ich kann keinen Groschen geben.« – »Für jetzt kann nichts erfolgen.« – »Ich bin jetzt arm wie Hiob« oder: »non habeo pecuniam« (Ich habe kein Geld). Dieses Geschäft war schon nach einer knappen Stunde abgetan. Nachdem ihn der letzte Kabinettsrat verlassen hatte, ließ sich Friedrich zur Stärkung von seinem Kammerdiener eine große Tasse Kaffee servieren, den er heiß und stark und wegen der anregenden Wirkung mit weißem Senf versetzt zu sich zu nehmen pflegte. Da heute kein auswärtiger Besucher bei ihm vorzusprechen wünschte, den zu empfangen es sich verlohnt hätte, war der König für die nächsten beiden Stunden, bis gegen sechs Uhr, wieder für niemanden mehr in seinen Räumen zu sprechen. Solche Stunden der schöpferischen Muße und Abwendung von den Alltagssorgen waren für Friedrich von großem Wert.
Heute konzentrierte er sich auf die Dichtkunst, auf das Versemachen. Er sei in der Dichtkunst nur ein Dilettant, gestand er einmal, er schwimme auf dem großen Ozean der Poesie gleichsam mit Binsenbündeln und Luftblasen als Stützmitteln unter den Armen. Dennoch war ihm diese Beschäftigung längst zu einer unverzichtbaren Gewohnheit geworden, er sah sich als »Sklaven der Poesie«, ständig bemüht, seinen Gedanken Reim und Vers zu verleihen.

Während der König Zeile um Zeile zu Papier brachte, zuweilen einzelne Wörter durchstrich und ihm mißglückt vorkommende Formulierungen durch gelungenere zu ersetzen suchte, gingen nur wenige Meter von ihm entfernt im Konzertzimmer die Vorbereitungen für das gewohnte abendliche Konzert voran. Da waren Notenpulte und Stühle für die Mitglieder der Hofkapelle aufzustellen und um den Silbermannschen Hammerflügel zu gruppieren, bequeme Sitzmöbel für die vom König für diesen Abend persönlich bestimmten Konzertgäste um den Marmorkamin bereitzustellen und die Leuchter mit frischen Kerzen zu versehen. Gegen halb sieben füllte sich der Raum mit Musikern und Gästen. Heute versammelten sich zwei Violinisten, ein Bratschist, ein Cellist und ein Fagottist um Carl Philipp Emanuel Bach, den Sohn des großen Johann Sebastian Bach, seit 1741 als Hofmusiker in den Diensten des Preußenkönigs. Alle Mitglieder der Hofkapelle trugen auf königliche Order hin ihre Hofdienstkleidung: Livree und Zopf.
Kurz vor sieben Uhr zündeten die Lakaien die Kerzen an, deren sich in den Nischenspiegeln brechendes Licht dem Konzertzimmer ein festliches Aussehen gab. Reich gearbeitete Ornamente überzogen die Wandflächen und umrankten die Gemälde des Hofmalers Antoine Pesne.
Es war Punkt sieben Uhr, als der König den Raum betrat. In Vorbereitung des abendlichen Konzerts hatte er die zu spielenden Stücke selbst ausgesucht und verteilte nun eigenhändig die entsprechenden Noten an die Mitwirkenden. Zuletzt legte er seinen eigenen Notenpart auf das für ihn bestimmte Pult, besprach mit seinem Hofkapellmeister das Programm und übernahm sein Instrument, die Flöte, von einem Kammerlakaien, der sie ihm auf einem Samtkissen darbot. Noch ein Blick Friedrichs in die Runde, und dann klangen auf sein Zeichen hin die ersten Töne durch den Raum.
Friedrich II. hatte sich schon als Jüngling zur Musik hingezogen gefühlt, doch entscheidend für sein späteres Verhältnis zu ihr wurde 1728 seine Begegnung mit dem damaligen Ersten Flötisten in der Königlichen Kapelle in Dresden, Johann Joachim Quantz. Erst 1740, nach seiner Thronbesteigung, konnte er seinen lange gehegten Plan verwirklichen, Quantz mit einem großzügig bemessenen Gehaltsangebot an seinen Hof zu ziehen, um von ihm seine musikalische Weiterbildung überwachen

*Das abendliche Flötenkonzert mit Friedrich als Solisten*

zu lassen. Quantz übertrug er auch die künstlerische Leitung seiner Hofkonzerte. Außerdem war Quantz für die Beschaffung und Herstellung der durch den König benutzten Flöten verantwortlich.
Quantz war dem König ein unbequemer Lehrer und alles andere als ein katzbuckelnder Höfling. Während des in den ersten Jahren nach seiner Berufung täglich erteilten Unterrichts im Komponieren und Flötespielen schenkte er seinem königlichen Schüler nichts. Unnachsichtig rügte er jeden Fehler, und er reizte Friedrich oft, wenn er seine Kritik an einer seiner Kompositionen mitten in den Vortrag hinein durch Husten zu erkennen gab.
Durch seine fachliche Autorität hat Quantz den musikalischen Geschmack Friedrichs entscheidend geprägt. Entgegen seinen Neigungen, im Französischen das allgemeine Vorbild in Kunst und Literatur zu sehen, hielt er sich hier nach dem Vorbild seines Lehrers vielmehr an die von dem italienischen Komponisten Vivaldi vorgegebenen Kompositionsformen. Die französische Musik tauge nichts, erklärte er wiederholt als das Echo von Quantz. Alle Versuche, in der Musik neue Formen durchzusetzen, wies er entschieden zurück.
Diese Auffassung bestimmte auch das Programm der abendlichen Konzerte von Sanssouci, bei denen in der Regel drei oder vier Konzertstücke vom König als Solisten mit Orchesterbegleitung dargeboten wurden. Er schöpfte sie aus dem immer gleichen Repertoire: Kompositionen von Quantz oder seine eigenen Werke. Hier bot sich eine reiche Auswahl dar, hatte Quantz doch für Friedrich II. etwa dreihundert Flötenkonzerte und an die zweihundert Kammermusikwerke komponiert, während es der König selbst bis 1756 auf 121 Flötensonaten eigener Komposition brachte, zu denen noch vier Flötenkonzerte kamen.
An diesem Abend konnte Quantz als künstlerischer Mentor Friedrichs mit dem Konzert zufrieden sein. Es gab keine Disharmonie im Zusammenspiel von Solist und Begleitung, und die Gäste des Konzerts spendeten mehr als höflich gedachten Beifall. So war der König bester Laune, als er gegen neun Uhr einige seiner Gäste zur anschließenden Abendtafel in den Marmorsaal bat.

# Das kleine Souper

Das abendliche Treffen beim Souper im kleinen Kreise war wie immer vor allem dazu bestimmt, dem König erneut die Gelegenheit zum ausgedehnten Gedankenaustausch zu schaffen. Heute nun traf man sich zu sechst. Neben Lamettrie, Rothenburg und Maupertuis, den Mittagsgästen des Königs am heutigen Tage, waren diesmal als Senior in diesem Kreise der Freiherr von Pöllnitz als königlicher Oberzeremonienmeister und Voltaire um den runden Tisch von Sanssouci versammelt. Voltaire, erst kürzlich von Friedrich durch die Ernennung zum Kammerherrn geehrt, mit dem Kammerherrenschlüssel ausgestattet und mit einem ansehnlichen Gehalt bedacht, war außerdem mit der königlichen Erlaubnis ausgezeichnet worden, an der Tafel in Sanssouci zu speisen, wann immer es ihm beliebte. Er wohnte allerdings nicht im Schloß auf dem Weinberg, sondern im Potsdamer Stadtschloß. Hier verfügte der ständig kränkelnde Mittfünfziger über bequemere Wohnräume und größere Freiheiten in der eigenen Lebensführung. Doch mehrmals in der Woche brachte ihn eine königliche Kutsche nach Sanssouci, wo ihn der König gegen fünf Uhr nachmittags schon ungeduldig in seinem Kabinett erwartete. Hier war ihm Gelegenheit gegeben, Korrekturvorschläge an den königlichen Texten vorzutragen, Ratschläge in Stil und Gedankenführung zu erteilen und – Voltaire war ein welt- und menschenkundiger Mann – dem Autor durch Lob zu schmeicheln.
Die Wertschätzung, die ihm sein königlicher Gastgeber bei diesen Zusammenkünften offensichtlich entgegenbrachte, hat auf Voltaire in der ersten Zeit seines Aufenthaltes tiefen Eindruck gemacht. Einer seiner Nichten vertraute er damals an, wie er Friedrich und sein besonderes Verhältnis zu ihm sah: »Ich bin so anmaßend zu denken, daß die Natur mich für ihn geschaffen hat. Ich habe eine so eigentümliche Überein-

stimmung zwischen seinem Geschmack und dem meinem wahrgenommen, daß ich vergaß, daß er der Beherrscher des halben Deutschlands ist... Der Philosoph hat mich mit dem Monarchen angefreundet, und ich sehe in ihm nur noch den guten und geselligen großen Mann.«
Diesmal war auch Voltaire Gast des abendlichen Soupers, das er nach eigenem Bekenntnis der »großen« mittäglichen Tafelrunde vorzog, weil die Abende »lustiger, kürzer und zuträglicher« seien. Die letzte Feststellung bezog sich auf Art und Menge der hier aufgetragenen Speisen. Der König, an der Mittagstafel ein starker Esser, fürchtete sich vor einer Überladung des Magens zur Nachtzeit und begnügte sich mit leichteren Speisen, was Voltaires Eßgewohnheiten sehr entgegenkam.
Auch für das »kleine« Souper galten die mittäglichen Restriktionen. Nicht erlaubt waren Bemerkungen, schon gar nicht kritischer Art, die sich auf die aktuellen preußischen Staatsangelegenheiten und -affären bezogen. Alle anderen Themen waren zum kritischen Diskurs freigegeben. Die Unterhaltungen verliefen in einer Atmosphäre, in der man, wie es der König formulierte, »laut denkt, ungeniert spricht und keinen Widerspruch übelnimmt«. Ob das Gespräch an diesem Abend die literarischen Porträts betraf – Voltaire war gerade damit beschäftigt, eine neue Auflage des Werkes des Königs über die Geschichte Brandenburg-Preußens zu korrigieren –, die Friedrich von seinen Vorfahren, den Kurfürsten Brandenburgs und den Königen Preußens, gezeichnet hatte, ob es um menschliche Schwächen, Aberglauben, Ignoranz und Eitelkeit ging, Voltaire war vor allen anderen dem König ein ebenbürtiger Gesprächspartner in der Schärfe seiner Gedankenführung. Den Monarchen und den Dichter-Philosophen einte »dasselbe Temperament, dieselbe Heiterkeit und Beweglichkeit, dieselbe Leichtigkeit der Aufnahme und Mitteilung, dieselbe Fähigkeit, den Dingen und Menschen ihre lächerliche Seite abzusehen, derselbe epigrammatische Witz, derselbe Mutwille und unbezähmbare Hang zum Spott« (R. Koser).
In dieser Gesellschaft von so hohem Range war der König für einige Stunden in einer Welt, die mit der des monarchischen Alltags nur wenig gemein hatte. Und das spätere Zerwürfnis zwischen Friedrich und Voltaire, das diesen im Frühjahr 1753 zum fluchtartigen Verlassen Preußens zwingen sollte, lag an diesem Sommerabend von 1750 noch in

*Zwei Grenadiere auf nächtlicher Wachrunde vor dem Schloß*

weiter Ferne, als Friedrich, es ging schon auf elf Uhr, die Tafel aufhob und sich von seinen Gästen verabschiedete.
Die im Schloß wohnenden Gäste begaben sich danach ohne Umstände schnell in die ihnen zugedachten Zimmer. Diejenigen, die mit Pferd und Wagen aus Potsdam gekommen waren, verließen Schloß Sanssouci durch den Vorsaal des Marmorsaals, durchquerten den Ehrenhof und bestiegen ihre in seiner Nähe bereitstehenden Kutschen, die sich in rascher Fahrt bald stadtwärts in der Dunkelheit der Nacht verloren. Die Kammerlakaien löschten inzwischen die Lichter im Marmorsaal und begaben sich ebenfalls zur Ruhe. Nur in der Küche wurde noch gearbeitet, bis sich auch hier ein überlanger Arbeitstag endlich kurz vor Mitternacht seinem Ende zuneigte.
Auch der König hatte sich inzwischen in seinen Arbeits- und Schlafraum zurückgezogen. In Anwesenheit seiner Kammerlakaien legte er seine Oberbekleidung ab und ließ sich anschließend von ihnen Hosen und Stiefel ausziehen. Ihre letzte Handreichung für diesen Abend bestand in der Bereitstellung je einer Flasche Champagner und französischem Rotwein und einer Karaffe mit frischem Wasser, da der König die Gewohnheit hatte, auch des Nachts, wenn ihn der Schlaf mied, als Beruhigungsmittel mit Wasser vermischten Wein zu sich zu nehmen. In Griffweite legten sie zuletzt seine Taschenuhr auf einen Tisch neben seinem Bett, bis sie mit einer Handbewegung zum Gehen aufgefordert wurden. Dann legte Friedrich sein Nachtzeug an und streckte sich auf sein eisernes Feldbett. Im Vorzimmer des Königs hatten inzwischen zwei Hoflakaien die Wache übernommen, stets bemüht, jedes laute Geräusch zu vermeiden. Nur von der Terrasse her war ab und zu das Knirschen von derben Soldatenschuhen auf der Kiesabdeckung zu hören. Denn rund um das Schloß patroullierten, wie immer, wenn sich der König von Preußen in Sanssouci aufhielt, die sechs Flügelgrenadiere seiner Leibgarde von der Potsdamer Schloßwache, die am Abend unter Führung eines Unteroffiziers von der Stadt her durch den Park anmarschiert waren und ihre Posten im Schloß Sanssouci bezogen hatten. Sie hielten Wache bis zur Reveille, dem Weckruf der Potsdamer Garnison, der sie in die Stadt zurückführte, nachdem das Schloß auf dem Weinberg längst wieder zu einem neuen Tage erwacht war.

# Vom Sandberg zum Schloss Sorgenfrei – Baugeschichte des Schlosses Sanssouci

Begonnen hatte alles im Jahre 1744, vier Jahre nachdem Friedrich II. seinem Vater auf den preußischen Thron gefolgt war. Der junge König bewohnte das Potsdamer Stadtschloß. An einem schönen Augusttag führte ihn ein Spazierritt in die Bornstedter Feldflur auf eine kahle, sandige Anhöhe, den »Wüsten Berg«. Von hier aus ergab sich ein schöner Ausblick in die reizvolle Havellandschaft. Im Vordergrund glänzte der breite, buchtenreiche Fluß, weit nach Süden zu durch das alte und sich am Ufer lang hinziehende Fischerdorf Caputh begrenzt. Nach links reichte der Blick über Potsdam mit den hoch aufragenden Türmen der Garnison-, Nikolai- und Heiligegeistkirche hinweg nach Babelsberg und auf die Anhöhe von Glienicke. Friedrich war tief beeindruckt. Die Aussicht vom Berg herab, berichtete er anschließend seiner Mutter, sei großartig gewesen. Und vor seinem geistigen Auge erstand bereits an diesem Tag das Bild einer durch fähige Gärtner und Architekten gänzlich umgestalteten, verschönten Landschaft.

Zunächst wollte der König die Südhanglage und die starke Sonneneinstrahlung des Hügels nutzen, um hier einen Weinberg anzulegen. Sein Architekt Georg Wenzeslaus von Knobelsdorff, mit dem er sich über diesen Plan beriet, lieferte einen Entwurf für die Anlage dieses Weinbergs. Was aber oben auf dem Berg stehen würde, blieb zunächst noch ungeklärt. Vielleicht sollte ein schlichtes Winzerhaus errichtet werden, das dem König Gelegenheit geben würde, hier erholsame Stunden zu verbringen. Doch bald darauf stellte sich Friedrich die Frage: Warum nicht an dieser Stelle ein Schloß errichten? Kein großes, nur ein Lustschlößchen, bescheiden in seinen Ausmaßen und der stets kritischen Finanzlage des preußischen Staates in den Bau- und Unterhaltskosten angepaßt.

Aber vorerst traten alle seine Pläne in den Hintergrund. Es ging um die Sicherung des Besitzes Schlesiens, das Friedrich im Ersten Schlesischen Krieg bis 1742 Österreich entrissen hatte. Jetzt, 1744, schien durch die Bildung einer Koalition zwischen Österreich, England, Sardinien und Sachsen der preußische Anspruch auf Schlesien bedroht. Im Sommer 1744 begann Preußen den Krieg gegen Österreich. Kurz bevor sich der König zu seinen Truppen begab, erteilte er die Anweisung: »...einen gewissen, bereits ausgestochenen Platz auf der ›Bornstedtischen Feldflur‹« zu erwerben, »um auf solchem einen Garten und Weinberg anzulegen«. Der bisherige Besitzer, das Potsdamer Waisenhaus, war mit 150 Talern für die verlorengehenden Ackerflächen und Viehtriften abzufinden.

Bei seiner Abreise in den Krieg, am 10. August 1744, erließ Friedrich eine weitere folgenreiche Kabinettsorder. Sie bestimmte, den in Aussicht genommenen Weinberg unverzüglich zu terrassieren. Die Grundidee dafür, schnell auf ein Blatt Papier gezeichnet, war ebenso einfach wie originell: Sechs breite, aufgeschüttete Erdstufen wurden in der Mitte durch eine steinerne Freitreppe mit insgesamt 132 Stufen verbunden. An den Seiten aber befahl er befahrbare Rampen zu errichten. Weiter ordnete der König an, aus Frankreich Hunderte von Feigenbäumen und Rebstöcken nach Potsdam schicken zu lassen und in den 168 Nischen der Weinbergterrassen einzupflanzen.

In ununterbrochener Folge war in den Herbstmonaten von 1744 Wagenladung auf Wagenladung mit Baumaterialien an den Fuß des »Wüsten Berges« gekarrt worden, der nach dem Willen des Königs künftig »Weinberg« heißen sollte. Bald nahmen die sechs Terrassen und die sie stützenden Mauern aus Rüdersdorfer Kalkbruchsteinen mehr und mehr Gestalt an. Unzählige Handkarren und von Pferden gezogene Wagen waren in Bewegung, um aus der Bornstedter Feldmark die Erde für die Terrassenaufschüttungen und die Trockenlegung der sumpfigen Flächen am Fuß des »Wüsten Berges« heranzuschaffen. Sogar aus der Magdeburger Gegend brachten Kähne gute schwarze Erde als Untergrund für die künftig zu setzenden Bäume und Sträucher. Eine besonders große Menge dieser Magdeburger Erde karrte man auf die Höhe des Weinberges, damit hier Lärchen bald zu dicht geschlossenen

*Kärrnerarbeit an der Terrassierung des Weinbergs von Sanssouci*

Baumgruppen gedeihen konnten, die den Weinberg nach Osten und Westen von seiner Umgebung durch ein grünes Band abgrenzen würden. An den Seiten wurden unterdessen die Rampen aufgeschüttet und planiert. In den Wintermonaten kamen dann schon die Sandsteinblöcke für die Säulen, Figuren, Balustraden und das Gebälk des künftigen Schlosses. Daneben türmten sich Mauer- und Dachsteine aus Caputh und Rathenow, Kalk und Gips, Marmor und Holz.
Schon machten sich im Frühjahr 1745 auf den Terrassen die Gärtner ans Werk, um auf den einzelnen Absätzen in Kübeln Orangenbäume aufzustellen, die in den Wintermonaten in der Orangerie aufbewahrt werden sollten. Doch kaum war der Berg auf der Höhe eingeebnet und mit Kies bestreut, wurde an seinem östlichen Rand wieder eine tiefe Grube ausgehoben. Nur der König und wenige seiner Vertrauten wußten, daß er hier seine letzte Ruhestätte finden wollte. Die Gruft hat ein einfaches Kreuzgewölbe, das mit Marmor ausgekleidet wurde. Zur Tarnung ließ Friedrich später die Figur einer ruhenden Flora über das Gewölbe setzen, so daß niemand hier den künftigen Begräbnisort des preußischen Königs vermuten konnte. Nur einen Vertrauten, den Marquis d'Argens, weihte Friedrich in sein Geheimnis ein. Auf die Gruft weisend, sagte er ihm: »Erst wenn ich dort bin, werde ich ohne Sorgen sein.«
Mitten im Winter, es war der 13. Januar 1745, und der König befand sich zur Karnevalssaison in Berlin, befahl er endgültig, auf der oberen Fläche des Weinberges mit dem Bau des längst projektierten Lustschlosses zu beginnen. Knobelsdorffs Vorschlag, das Schloß zu unterkellern, hatte der König abgelehnt. Lediglich durch drei flache Stufen sollte es sich künftig über seine sandige Umgebung erheben. Auch den Rat des Architekten, das Schloß nahe an den Südrand des Weinberges zu rükken, damit es in seiner ganzen Gestalt bereits vom Fuße des Berges sichtbar wäre, hatte der königliche Bauherr entschieden zurückgewiesen. Friedrich wollte statt dessen einen weiten Vorplatz anlegen, der für Spaziergänge geeignet war.
Am 14. April 1745 konnte der Grundstein für das Schloß auf dem Weinberg gelegt werden, und schnell wurden die originellen Formen sichtbar: gerade Fronten mit zwei turmähnlichen Anbauten an den Seiten und einem ovalen Mittelteil, als Tempel für Bacchus, den Gott des Weines.

Friedrich war die ganze Zeit voller Ungeduld, er wollte den Bau seines Schlosses auf dem Weinberg schnell vorangetrieben sehen. Und er wurde nicht enttäuscht, denn bei jeder Besichtigung der Baustelle gab es Neues zu bewundern. Schon im Herbst 1745 konnte man das Bauwerk mit dem Dach krönen und die Kuppel des Mittelteils mit Kupfer bedekken. Im folgenden Frühjahr wurden die sechsunddreißig Gebälkträger, Faune und Bacchantinnen darstellend, in die Mauern eingefügt, die Außenflächen verputzt und mit einem Farbanstrich versehen. Im Innern hatten längst der Ausbau und die Ausschmückung der Räume begonnen. Nun brauchte das Schloß einen Namen. »Lustschloß im königlichen Weinberge« nannte es der König zunächst, doch dieser Name war ihm zu lang und zu langweilig. Da kam ihm die Idee, das Schloß nach dem Vorbild des Landsitzes seines Freundes, des Grafen von Manteuffel, »Kummerfrei« zu nennen, nur eben nicht gleichlautend, sondern in französischer Sprache. Und das ergab die beiden Wörter «Sans Souci«. Unverzüglich wurden sie in vergoldeten Buchstaben über den Gebälkträgern des Kuppelsaales an der Gartenseite des Schlosses angebracht, mit einem Komma getrennt und einem Punkt abgeschlossen: »Sans, Souci.«.
Die Leute erzählten sich, der König habe dieses Komma absichtlich setzen lassen, um das Wort »ohne« dem Gästeflügel zuzuordnen und das Wort »Sorge« dem von ihm bewohnten Ostflügel. Das sollte bedeuten: Gäste können im Schloß sorgenfrei leben, während dem König die Sorge ein täglicher Begleiter ist. Aber das ist eine Legende, das Komma von Sanssouci war lediglich dazu bestimmt, zwei Wörter zu trennen. Der neue Name wurde in Europa schnell zu einem Begriff.
Von außen schien das Schloß im Frühjahr 1747 vollendet, doch der Innenausbau ging nur langsam voran. Da entschied der König, die Arbeiten zunächst auf seinen, den Königsflügel, zu konzentrieren und die in den Räumen des Gästeflügels später fortzusetzen.
Alle Wohnräume lagen zur Gartenfront, alle Fenster der Gästezimmer, des Marmorsaales und der Bibliothek ließen sich als Türen öffnen. Ganz bequem und ohne Umwege konnten der König und seine Gäste die Freifläche vor dem Schloß betreten und sich am Anblick der Natur erfreuen. Über die Aufteilung der Zimmer des Schlosses hatte sich Friedrich be-

reits die genauesten Vorstellungen gemacht. Nach seiner Anlage und Größe sollte Schloß Sanssouci nur eine im Vergleich mit anderen Schlössern geringe Anzahl von Räumen umfassen. Der König wollte hier nicht täglich durch endlose Zimmerfluchten laufen müssen, alles sollte überschaubar und wohnlich wirken. Vier Räume hatte er sich für seinen persönlichen Gebrauch vorbehalten. Zunächst ein kleines Empfangszimmer, an das sich ein geräumig gehaltenes Musikzimmer anschloß. Daneben lag das königliche Arbeitszimmer, zugleich durch den Einbau eines Alkovens als Schlafzimmer nutzbar, hier stand das einfache eiserne Feldbett des Königs. Und wiederum dahinter befand sich sein Allerheiligstes, ein rundes Zimmer, bestimmt, seine Bibliothek aufzunehmen. Ort des ungestörten Lesens, des Nachdenkens und des Schreibens. Gegen alle anderen Räume des Schlosses abgeschirmt, war dieser Raum nur vom königlichen Arbeits- und Schlafzimmer durch einen Gang erreichbar. Hinter den persönlichen Räumen des Königs zog sich eine Galerie hin. Hier hingen die Gemälde der von Friedrich besonders geschätzten französischen Meister Watteau und Lancret.

Im Westflügel brachte der König seine ihm am nächsten stehenden Gäste unter. Damit es ihnen nicht an jeder gewünschten Bequemlichkeit fehle, waren die vier Gästezimmer direkt mit je einem Dienerraum verbunden. Und noch eine weitere Idee wollte der König durch die Raumaufteilung im Schloß Sanssouci verwirklichen: Er und seine Gäste sollten sich, aufeinander zugehend, im Mittelpunkt des Schlosses treffen. Dort lag der aus der Gebäudefront hervorspringende Marmorsaal, ein ovaler Raum mit gewölbter Decke. Er war als Ort der Begegnung gedacht, ein Raum, der Gelegenheit bot zu festlichen Diners, zu anregenden Gesprächen.

Zum Tag der feierlichen Einweihung seines neuen Schlosses hatte der König den 1. Mai des Jahres 1747 bestimmt. Festliche Musik ertönte, in den Schloßräumen drängten sich zahlreiche Gäste, die gekommen waren, um die neue Herrlichkeit zu schauen und dem König zu seinem neuen Hause zu gratulieren, das so ganz anders war als die Schlösser, die sie bisher als königliche Residenzen kennengelernt hatten. Und gut zwei Wochen später, als es in Potsdam endlich wärmer wurde, nahm der König sein erstes Nachtlager in Sanssouci. Seitdem war ihm dieser Ort

*Friedrich betrachtet seine Lieblingsbilder in der Kleinen Galerie*

zum Lieblingsaufenthalt geworden. In einem stimmungsvollen Gedicht würdigte Friedrich sein neues Schloß:

Dort auf des Hügels Spitze,
Wo frei das Auge schwelgt in fernen Sichten,
Ließ sich der Bauherr zum erhabnen Sitze
Mit Fleiß und Kunst das Haus errichten,
Der Stein, vom Meißel zubereitet,
In Gruppen zierlich ausgebreitet,
Schmückt den Palast und drückt ihn doch mitnichten.
Der Morgensonne erster Strahl
Bricht golden sich im Spiegelsaal.
Sechsfach seht Ihr der Erde Grund sich schichten,
Doch sanfte Stufen lassen Euch entfliehen,
Ins Laubgewirr, ins hundertfält'ge Grün.
Wo Stamm und Strauch zum Labyrinth sich dichten,
Der Nymphen Schar, das neckisch junge Blut,
Sprüht aus dem Dunkel silberreine Flut
Aus Marmorbildern von nicht schlechtrem Werte,
Als sie dereinst uns Phidias bescherte.

*Sanssouci um 1750. Nach einem zeitgenössischen Stich*

# Die Autoren

Harald Müller

Geboren 1928 in Berlin. Studium der Geschichte und Philosophie an der Humboldt-Universität Berlin 1947–1952. 1952–1970 wissenschaftlicher Mitarbeiter der Fachrichtung Geschichte der Humboldt-Universität. 1970–1991 wissenschaftlicher Arbeitsleiter an der Akademie der Wissenschaften der DDR, zuletzt am Institut für Allgemeine Geschichte. Gastdozent an der Universität Potsdam.
Zahlreiche Veröffentlichungen vornehmlich zur Geschichte des 18. und 19. Jahrhunderts, so u. a. »Zur Geschichte der Stadt Potsdam von 1789 bis 1871« (1968), »Die Entstehung der USA« (1978), »Im Widerstreit von Interventionsstrategie und Anpassungszwang. Die Außenpolitik Österreichs und Preußens zwischen dem Wiener Kongreß 1814/15 und der Februarrevolution 1848«, Bde. 1 und 2 (1990).

Manfred Bluth

1926 in Berlin geboren. 1942 bereits als 15jähriger Student an der Berliner Kunstakademie, Schüler bei Gerhard Ulrich. Nach dem Krieg Fortsetzung des Studiums an der Kunstakademie in München bei Willi Geiger. 1954 erste Einzelausstellung in der Galerie Springer, Berlin. 1972 wurde eine Retrospektive vom Neuen Berliner Kunstverein veranstaltet und 1991/92 eine Retrospektive unter dem Titel »Malerei 1943–1990« von der Neuen Galerie, Staatliche und Städtische Kunstsammlungen in Kassel. 1973 Gründung der »Schule der Neuen Prächtigkeit« zusammen mit Johannes Grützke, Matthias Koeppel und Karlheinz Ziegler. 1974 Gastdozent und im Herbst Berufung als Lehrer für Malerei im Fachbereich Kunst der Universität Kassel. Fortsetzung der bereits in den sechziger Jahren begonnenen Tätigkeit als Illustrator, es entstanden Mappenwerke u. a. zu Coleridge »The Ancient Mariner«, Buchillustrationen zu »Moby Dick« von Herman Melville und zu »Tote Seelen« von Gogol.

»Natürlich stehen alle Illustrationen zum Leben Friedrichs des Großen seit Menzel unter dessen Schatten. Auch unsere heutige Vorstellung, die wir uns von diesem preußischen König machen, ist noch in erster Linie durch ihn geprägt. Bei meiner Arbeit ging es aber besonders um die Einbeziehung des architektonischen Juwels Sanssouci. Um einen selbständigen Eindruck zu erhalten, wurde mir die Erlaubnis gegeben, an einigen besucherfreien Tagen im Schloß Studien zu machen, so daß vor allem die farbigen Blätter im Buch vom unmittelbaren Augenschein herrühren. Weniger um gewisse detail- und kostümkundliche Genauigkeit ist es mir dabei gegangen – Gamaschenköpfe abzuzählen ist meine Sache nicht –, sondern um die Darstellung des Atmosphärischen, des einzigartigen Zaubers, den diese Örtlichkeit noch immer auf jeden empfindsamen Besucher ausstrahlt.
Hans-Joachim Giersberg, Generaldirektor der Stiftung Schlösser und Gärten Potsdam-Sanssouci, danke ich, daß er mir ein Arbeiten in der Ruhe und Atmosphäre des Ortes selbst ermöglichte.«

Manfred Bluth

# Inhalt

Vorwort
*5*

Ein Schloß erwacht
*7*

Die Morgenstunde des Königs
*12*

In der Bibliothek
*17*

Ein Mann namens Fredersdorff
*21*

Der König regiert
*25*

Die Windspiele des Königs
*31*

Die Mittagstafel

*38*

Tischgespräche

*40*

Der besondere Gast

*49*

Das Flötenkonzert

*51*

Das kleine Souper

*55*

Vom Sandberg zum Schloß Sorgenfrei –
Baugeschichte des Schlosses Sanssouci

*59*

Die Autoren

*68*

## POTSDAM-TITEL BEI NICOLAI

DIE RUHESTÄTTE FRIEDRICHS DES GROSSEN
ZU SANSSOUCI
Text von Hans-Joachim Giersberg
und Rolf-Herbert Krüger
DM 24,80

POTSDAM UM NEUNZEHNHUNDERT
Fotos von Albrecht Meydenbauer
Text von Richard Schneider
DM 68,–

SCHLÖSSER UND GÄRTEN IN POTSDAM
Fotos von Manfred Hamm
Text von Hans-Joachim Giersberg
DM 44,–

POTSDAM – DIE STADT UND DIE GÄRTEN
Fotos von Manfred Hamm
Text von Hans-Joachim Giersberg
DM 68,–

POTSDAM AUS DER LUFT
Fotos von Günter Schneider
Text von Richard Schneider
(deutsch, englisch, französisch)
DM 44,–

STÄDTE IN DEUTSCHLAND – POTSDAM
Fotos von Manfred Hamm
Text von Hans-Joachim Giersberg
(lieferbar als deutsche, englische und französische Ausgabe)
DM 16,80